ÉXITO CON
GIMNASIA
PARA EL
CEREBRO

Ejercicios sencillos para
aumentar la productividad

GAIL E. DENNISON
PAUL E. DENNISON
JERRY V. TEPLITZ

EDITORIAL
PAX MÉXICO

EL LIBRO MUERE CUANDO LO FOTOCOPIAN

❦

Título original de la obra: *Brain Gym® for Business*
Publicado por: Edu-Kinesthetics, Inc., Ventura, California

COORDINACIÓN EDITORIAL: Matilde Schoenfeld
TRADUCCIÓN: Florencia Podestá
REVISIÓN TÉCNICA: Cristina Pruneda
PORTADA: Víctor M. Santos Gally

© 1994 Gail E. Dennison, Paul E. Dennison y Jerry V. Teplitz
© 2007 Editorial Pax México, Librería Carlos Cesarman, S.A.
         Av. Cuauhtémoc 1430
         Col. Santa Cruz Atoyac
         México, D.F. 03310
         Teléfono: 5605 7677
         Fax: 5605 7600
         editorialpax@editorialpax.com
         www.editorialpax.com

Primera edición
ISBN 978-968-860-757-2
Reservados todos los derechos
Impreso en México / *Printed in Mexico*

Índice

Agradecimientos

Los autores agradecen a John Thie, autor de *Touch for Health*, su permiso para utilizar las prominencias frontales (nuestros Puntos positivos) y el ejercicio auricular (nuestros Sombreros de pensamiento), y para extraer de su trabajo nuestras versiones de los Botones de cerebro, de tierra y de espacio. Este libro fue escrito con la ayuda y la dedicación de muchas personas. Agradecemos a Lorraine Garnet por su contribución en el concepto y estructuración original de este libro.

Los procedimientos y técnicas de autoayuda descritos en este libro están destinados únicamente a fines educativos. Los autores y Edu-Kinesthetics Inc. no pretenden presentar ninguna parte de este libro como diagnóstico o receta para las dolencias de los lectores.

Antes de comenzar cualquier programa de ejercicios, es necesario consultar al médico o a otro profesional de la salud; las nuevas habilidades motoras se desarrollan de manera gradual y con el tiempo, por lo tanto, no debes sobreexigirte, sobre todo si no te has estado moviendo mucho últimamente. Los músculos pueden tensionarse si se les fuerza a moverse en formas no acostumbradas, y cualquier tipo de ejercicio forzado es contrario al propósito de la gimnasia para el cerebro.

Un mensaje del doctor Paul Dennison

....

Desde 1981, cuando propuse por primera vez la gimnasia para el cerebro, los participantes de mis talleres reportaron un aumento de la eficiencia, el éxito y disfrute en sus lugares de trabajo. Estas personas describen su capacidad para aplicar un mayor caudal de energía y vitalidad a sus labores, una mejor concentración y productividad al trabajar con máquinas y computadoras, un incremento en las ventas, y una mayor creatividad en el desarrollo del producto y en la gestión de la empresa.

También se advierten mejoras impactantes en la capacidad para hablar y establecer buenas relaciones; en la habilidad para hablar y hacer presentaciones ante un público; en la capacidad visual y, por supuesto, mis especialidades: la lectura de comprensión y la lectura con todo el cerebro.

El propio entorno laboral incluye muchos retos para los trabajadores: las luces fluorescentes, las emisiones de las computadoras y la sobrecarga de trabajo, por nombrar unas pocas. Ciertas personas son particularmente sensibles a algunas de estas influencias. Cada año la industria gasta miles de millones de dólares en ergonomía, con el fin de diseñar espacios laborales que eviten provocar los posibles daños o lesiones relativos al trabajo, y que conduzcan a una productividad rápida y económica. Pero la tecnología sólo puede ocuparse de una pequeña porción del problema, ya que la salud y la productividad dependen en última instancia del individuo. Existen métodos accesibles a todos para minimizar el estrés en el entorno de trabajo y para obtener un disfrute personal cada día en relación a la calidad de nuestros logros.

Cuidar de nuestro cuerpo y proveer a nuestro sistema del agua que necesita son cosas sencillas que podemos poner en práctica con el fin de aprovechar en forma plena nuestro potencial humano. Los movimientos de la gimnasia para el cerebro funcionan como herramientas de autoayuda sencillas y efectivas, necesarias para optimizar nuestro desempeño y nuestras satisfacciones en el entorno del trabajo; podremos lograr este desempeño y satisfacción óptimos practicando estos movimientos durante algunos minutos cada día.

Introducción

Este libro propone una serie de actividades simples diseñadas para minimizar el estrés en el entorno laboral. Te proporcionará los medios para coordinar tus funciones cerebrales con tus habilidades motoras, permitiéndote hacer mejor tu trabajo, con mayor facilidad y placer. ¡Descubre por ti mismo este enfoque revolucionario!

Este libro es fácil de usar. Sólo debes buscar en el índice, dentro del listado del índice de ocupaciones o trabajos. Bajo la descripción de cada actividad hay una lista de las tareas que se supone desempeñas como parte de tu labor. Por ejemplo, entre las habilidades secretariales se menciona "contestar teléfonos", seguida por actividades específicas de gimnasia para el cerebro que puedes practicar. El resultado será que podrás contestar mejor el teléfono, encontrarás más fácil el trabajo y también te sentirás mejor.

Cada movimiento de gimnasia para el cerebro sólo te ocupará de 30 segundos a un minuto de tu tiempo. Entonces, invirtiendo cinco minutos en tu "menú", tendrás más energía, disposición y capacidad para disponerte a trabajar.

Con el fin de aprovechar al máximo nuestras rutinas de gimnasia para el cerebro, tómate un momento y evalúa tu presente habilidad para manejar la tensión, en una escala del 1 al 10, en donde 1 representa un estado de tensión extrema y 10, la relajación y la tranquilidad, ¿cómo te autocalificarías en el final de un día promedio? Por ejemplo, si te encuentras un poco tenso, cometes pequeños errores, o reaccionas mal ante las críticas, podrías asignarte un 4. Practica durante 10 días las actividades de gimnasia para el cerebro que has seleccionado; luego vuelve a evaluarte. Notarás una mejoría general, y conocerás el valor de cuidarte a ti mismo, el entusiasmo al lograr tus metas cotidianas y el placer de mejorar día a día tus habilidades.

PARTE 1

PART 1

La importancia
de beber agua

El agua está presente justamente en nuestros cuerpos en el mismo porcentaje que en nuestro planeta: alrededor de 70 por ciento. Ya que el cuerpo utiliza constantemente el agua, el esfuerzo consciente por mantener el nivel óptimo de hidratación es particularmente importante.

El agua es crucial en todos los procesos biológicos, ya sean reacciones químicas, mecánicas o eléctricas que acontecen en el cuerpo, para rendir mental y físicamente. Al ser uno de los componentes primordiales de la sangre, el agua se convierte en el sistema de transporte que envía oxígeno a todas las células del organismo. Dentro del sistema linfático, el agua nos ayuda a desechar las toxinas, ioniza las sales, produciendo los electrolitos necesarios para la actividad eléctrica que corre a través de las membranas celulares. Permite que movamos nuestras articulaciones y digiramos los alimentos. El agua es esencial para el aprovechamiento adecuado de las proteínas en nuestro cuerpo y para el desarrollo e interconexión de las redes nerviosas durante el aprendizaje.

La mayoría de las personas esperan hasta sentirse sedientas para entonces beber agua. Sin embargo, la sed puede aparecer con un gran retraso con respecto de las necesidades reales de agua del cuerpo. Por ejemplo, después de hacer ejercicio vigoroso, la sed no sería la señal que nos recuerde reabastecernos de agua. Debido a este error, es probable que después de una sesión deportiva, le lleve a tu cuerpo hasta 24 horas retornar los niveles adecuados de hidratación.

Incluso mientras estás sentado leyendo estas líneas, tu cuerpo transpira en forma ligera y constante. El estrés o las actividades más intensas incrementarán el nivel de sudoración. Resulta casi increíble pensar que también perdemos agua en forma de vapor cada vez que espiramos. El aire acondicionado en el interior del hogar también deshidrata tu cuerpo. En un día típico, pueden perderse dos o más litros de agua en las formas ya descritas. Sin embargo, en un clima muy cálido, puedes perder aún más.

Ya te resulta más evidente por qué es necesario tomar pequeños, pero frecuentes, sorbos de agua pura a lo largo del día. Por cierto, no existe una manera más simple y natural para sentirnos bien y funcionar mejor.

Acerca del balanceo de siete minutos

El balanceo de siete minutos, que se describe en las páginas siguientes, es una serie sencilla de actividades de gimnasia para el cerebro que puedes practicar cada mañana. Es un buen modo de invertir tiempo en tu recurso más importante: ¡tú mismo! Este balanceo representa la oportunidad de comenzar tu día con facilidad y provecho, asegurándote de que tu cerebro –y de hecho, tu sistema completo– obtenga la sangre, el oxígeno y la electricidad que necesita. Si practicas el balanceo de siete minutos todos los días, te sentirás mejor y funcionarás mejor que nunca.

Siempre que durante el día necesites un jalón de energía, o si sientes que las cosas no fluyen, puedes hacer el balanceo de siete minutos para que te ayude a desempeñarte con tu mayor potencial y disfrutar de un estado de ánimo positivo.

Puedes utilizar estos siete minutos para revisar situaciones de estrés del pasado, o retos futuros, y considerar posibilidades alternativas. También es una excelente ocasión de hacer la planificación de tu día o de tu jornada laboral, visualizando el logro de tus objetivos y metas principales. Muchas personas nos cuentan que practicar al menos una o dos actividades de este balanceo cuando se encuentran sometidos a estrés emocional, o cuando deben tomar una decisión crítica, los ayuda a aumentar su tiempo productivo.

El balanceo
de siete minutos

1. Agua
Bebe un vaso de agua
(página 3).

2. Respiración de vientre
Haz de cuatro a ocho
respiraciones completas
(página 115).

3. Botones de cerebro

Mira alternadamente hacia la derecha y hacia la izquierda mientras masajeas los puntos durante cuatro a ocho respiraciones (página 82).

4. Ganchos

PRIMERA PARTE
Relájate durante cuatro a ocho respiraciones. Adicionalmente, también puedes revisar las situaciones que te estresan, y considerar posibilidades alternativas (página 98).

SEGUNDA PARTE
Une la punta de tus dedos, y apoya los pies paralelos en el suelo (página 99).

5. Movimiento metafórico de integración cerebral

Separa tus brazos extendidos tanto como puedas. Imagina que unes tus hemisferios cerebrales izquierdo y derecho cuando juntas tus manos, entrelazando tus dedos. Disfruta esta conexión durante cuatro a ocho respiraciones.

6. Puntos positivos

Sostén ligeramente tus puntos positivos durante cuatro a ocho respiraciones. Puedes usar este momento para planificar tu día (página 113).

7. Gateo cruzado

Completa el balanceo de siete minutos y ponte en acción haciendo de 10 a 25 repeticiones del Gateo cruzado (página 103).

PARTE 2

Índice de ocupaciones

···

Encuentra la descripción de tu trabajo en las páginas que siguen. Examina las tareas requeridas que aparecen listadas en negrita a la izquierda en cada página, y selecciona aquellas que desees mejorar en este momento. Realiza el menú recomendado de actividades de gimnasia para el cerebro (descritas en detalle en las páginas 73-122) justo antes de cada tarea, o intercalado entre ellas, según lo que consideres más adecuado. Cuando hayas acabado tu menú, felicítate a ti mismo por las mejoras que adviertas en el nivel de comodidad, facilidad y disfrute de tu trabajo, o en la efectividad de tu desempeño laboral.

(Si no puedes encontrar el nombre de tu trabajo, o si quieres encontrar tareas adicionales, refiérete al índice de tareas en la página 57. El índice de tareas enlista todas las habilidades laborales que necesitas para armar tu propio programa personal de gimnasia para el cerebro.)

Contabilidad

Habilidades matemáticas

Botones de tierra, Botones de espacio, Botones de equilibrio, Sombreros de pensamiento, El búho, Bostezo energético.

Interpretación de lenguaje y códigos legales

Botones de cerebro, Botones de tierra, Ochos perezosos, Puntos positivos.

Trabajo con hojas de cálculo

Botones de cerebro, Gateo cruzado, Botones de tierra, Botones de espacio, Ochos perezosos.

Comunicación con los clientes

Bostezo energético, Flexión de pie, Bombeo de pantorrilla, Balanceo de gravedad.

Prestar atención fina a los detalles

Botones de cerebro, Gateo cruzado, Botones de tierra, Ochos perezosos.

Enfoque de la atención

Bombeo de pantorrilla, Flexión de pie, Balanceo de gravedad, El búho.

Dar seguimiento a una tarea

Ganchos, Bostezo energético, Flexión de pie, Bombeo de pantorrilla.

Llenado de formas

Activación de brazo, Garabato doble, Ochos alfabéticos, Bostezo energético.

Organización de papeles

Garabato doble, La mecedora, Puntos positivos.

Permanecer sentado cómodamente

Activación de brazo, Toma a tierra, Balanceo de gravedad, Gateo cruzado (variación sentada).

Comunicación efectiva

Bombeo de pantorrilla, Flexión de pie, Ochos perezosos, Bostezo energético.

Trabajar cómodamente ante la computadora

Agua, Botones de cerebro, Botones de equilibrio, Rotación de cuello, Ganchos.

Puntualidad, trabajo apegado a la agenda establecida

Respiración de vientre, Botones de tierra, Botones de equilibrio, Puntos positivos, Ganchos.

Seguir instrucciones

Sombreros de pensamiento, Botones de equilibrio, El búho, El elefante, Gateo cruzado, Ganchos.

Buena ortografía

Botones de tierra, El elefante, Sombreros de pensamiento, El búho.

Ingresar información con precisión

Botones de cerebro, Botones de equilibrio, Botones de tierra, Rotación de cuello, Sombreros de pensamiento.

Sentirse a gusto trabajando a solas

Agua, Botones de cerebro, Gateo cruzado, Ganchos.

Conservar la confianza

Botones de cerebro, Botones de equilibrio, Botones de tierra.

Escucha activa y atenta

Sombreros de pensamiento, El elefante, El búho.

Conectándote con tu memoria

Sombreros de pensamiento, El elefante, El búho.

Considerar los puntos de vista de los demás

Bombeo de pantorrilla, Flexión de pie, Ganchos.

Conservar una energía positiva

Puntos positivos, Ganchos, Botones de equilibrio.

Navegar por internet

Gateo cruzado, Botones de cerebro, Sombreros de pensamiento, Activación de brazo.

Conservar el sentido del humor

La mecedora, Activación de brazo, Sombreros de pensamiento, Bostezo energético, Ganchos.

Dejar recados telefónicos

Ganchos, Bostezo energético, Bombeo de pantorrilla, El energetizador.

Asistencia administrativa

Mantener un buen ambiente al estar con otras personas

Bombeo de pantorrilla, Flexión de pie, Bostezo energético, El energetizador.

Focalizar la atención

Bombeo de pantorrilla, Flexión de pie, Balanceo de gravedad, El búho.

Ajustarse a horarios, planes

Respiración de vientre, Botones de tierra, Botones de equilibrio, Puntos positivos, Ganchos.

Comunicación efectiva

Bombeo de pantorrilla, Flexión de pie, Ochos perezosos, Bostezo energético.

Trabajar cómodamente ante la computadora

Agua, Botones de cerebro, Botones de equilibrio, Rotación de cuello, Ganchos.

Trabajar en equipo

Garabato doble, Flexión de pie, Bombeo de pantorrilla.

Conducir tu vehículo con seguridad

Botones de equilibrio, Ochos perezosos, Ganchos, Puntos positivos.

Archivo

Botones de equilibrio, Botones de tierra, Botones de espacio.

Manejo de quejas

Flexión de pie, Balanceo de gravedad, Bombeo de pantorrilla.

Manejo de la autocrítica

Bombeo de pantorrilla, Ganchos, Puntos positivos.

Organización de correspondencia publicitaria

Agua, Toma a tierra, Gateo cruzado, Mira una "X".

Organización y realización de diligencias pendientes

Sombreros de pensamiento, Ochos perezosos, Gateo cruzado.

Seguir instrucciones

Sombreros de pensamiento, Botones de equilibrio, El búho, El elefante, Gateo cruzado, Ganchos.

Leer sin tensar los ojos ni cansar la vista

Agua, Botones de cerebro, Botones de tierra, Ochos perezosos, Gateo cruzado, Mira una "X".

Mantener la versatilidad

Flexión de pie, La mecedora, Gateo cruzado acostado, El energetizador.

Escritura legible

Activación de brazo, Garabato doble, Ochos perezosos, Ochos alfabéticos.

Comprensión de lectura

Flexión de pie, Balanceo de gravedad, Toma a tierra, Bombeo de pantorrilla.

Lectura rápida

Bombeo de pantorrilla, Gateo cruzado, Ochos perezosos, Mira una "X".

Buena ortografía

Botones de tierra, El elefante, Sombreros de pensamiento, El búho.

Conservar la confianza

Botones de cerebro, Botones de equilibrio, Botones de tierra.

Escucha activa y atenta

Sombreros de pensamiento, El elefante, El búho.

Conectarte con tu memoria

Sombreros de pensamiento, El elefante, El búho.

Considerar los puntos de vista de los demás

Bombeo de pantorrilla, Flexión de pie, Ganchos.

Mantener tu energía positiva

Puntos positivos, Ganchos, Botones de equilibrio.

Navegar por internet

Gateo cruzado, Botones de cerebro, Sombreros de pensamiento, Activación de brazo.

Conservar el sentido del humor

La mecedora, Activación de brazo, Sombreros de pensamiento, Bostezo energético, Ganchos.

Dejar recados telefónicos

Ganchos, Bostezo energético, Bombeo de pantorrilla, El energetizador.

Programación de computadoras

Trabajar cómodamente ante la computadora

Agua, Botones de cerebro, Botones de equilibrio, Rotación de cuello, Ganchos.

Conectarse con la propia creatividad

Garabato doble, Flexión de pie, Bombeo de pantorrilla, Bostezo energético.

Prevenir la tensión de los ojos al trabajar con computadora

Agua, Botones de cerebro, Gateo cruzado, Ochos perezosos.

Coordinar procesos en el teclado

Activación de brazo, Garabato doble, Ochos perezosos, Ochos alfabéticos.

Mantener la flexibilidad postural

Activación de brazo, Gateo cruzado, Balanceo de gravedad, El energetizador.

Enfocar la atención

Bombeo de pantorrilla, Flexión de pie, Balanceo de gravedad, El búho.

Mantener la calma

Botones de tierra, Ganchos, Puntos positivos.

Resolución de problemas

Gateo cruzado, Botones de equilibrio, Rotación de cuello, Puntos positivos.

Maximización de habilidades de programación

Bombeo de pantorrilla, El elefante, Rotación de cuello, El búho.

Permanecer sentado cómodamente

Activación de brazo, Toma a tierra, Balanceo de gravedad, Gateo cruzado acostado.

Resolución de problemas de *software* y *hardware*

Botones de tierra, Botones de espacio, El energetizador, Ganchos.

Ingresar información con exactitud

Botones de cerebro, Botones de equilibrio, Botones de tierra, Sombreros de pensamiento.

Trabajar conforme a la agenda establecida

Respiración de vientre, Botones de tierra, Botones de equilibrio, Puntos positivos, Ganchos.

Ingresar datos con velocidad, exactitud y comodidad

Agua, Botones de cerebro, Rotación de cuello, Ganchos.

Prestar atención fina a los detalles

Botones de cerebro, Gateo cruzado, Botones de tierra, Ochos perezosos.

Sentirse a gusto trabajando a solas

Agua, Botones de cerebro, Gateo cruzado, Ganchos.

Dar seguimiento

La mecedora, El energetizador, Gateo cruzado.

Planeación de estrategias a largo plazo

Bombeo de pantorrilla, Toma a tierra, Balanceo de gravedad, El elefante.

Conservar una energía positiva

Puntos positivos, Ganchos, Botones de equilibrio.

Navegar por internet

Gateo cruzado, Botones de cerebro, Sombreros de pensamiento, Activación de brazo.

Atención a clientes

Proyectar confianza

Sombreros de pensamiento, El búho, Gateo cruzado, Puntos positivos.

Desarrollo de relaciones

Flexión de pie, Bostezo energético, Ochos perezosos, Bombeo de pantorrilla.

Manejo de quejas

Flexión de pie, Balanceo de gravedad, Bombeo de pantorrilla.

Asumir y reponerse ante el rechazo

Respiración de vientre, Rotación de cuello, Bostezo energético, Ganchos.

Mantener el control de uno mismo

Botones de equilibrio, Ganchos, Puntos positivos.

Conservar el buen humor

La mecedora, Activación de brazo, Sombreros de pensamiento, Bostezo energético, Ganchos.

Mantener una voz cálida en conversaciones telefónicas

El elefante, Bostezo energético, El búho, Sombreros de pensamiento, Ganchos.

Sentirse seguro de uno mismo en el teléfono

Botones de equilibrio, El elefante, El búho, Activación de brazo, Bostezo energético, Sombreros de pensamiento.

Escritura legible

Activación de brazo, Garabato doble, Ochos perezosos, Ochos alfabéticos.

Mantener la seguridad y un buen ambiente con la gente

Bombeo de pantorrilla, Flexión de pie, Bostezo energético, El energetizador.

Conservar una energía positiva

Puntos positivos, Ganchos, Botones de equilibrio.

Dejar recados telefónicos

Ganchos, Bostezo energético, Bombeo de pantorrilla, El energetizador.

Procesamiento de información

Secuenciación numérica precisa

Bombeo de pantorrilla, El elefante, Rotación de cuello, El búho, Balanceo de gravedad, Garabato doble.

Ingresar datos con velocidad, exactitud y comodidad

Agua, Botones de cerebro, Rotación de cuello, Ganchos.

Coordinación de procesos en el teclado

Activación de brazo, Garabato doble, Ochos perezosos, Ochos alfabéticos.

Prevenir la tensión ocular frente a la computadora

Agua, Botones de cerebro, Gateo cruzado, Ochos perezosos.

Conservar el entusiasmo

Ganchos, Bombeo de pantorrilla, Balanceo de gravedad.

Trabajar con listados en la computadora

Botones de tierra, Botones de espacio, Botones de equilibrio.

Ingresar órdenes o información con precisión

Botones de cerebro, Botones de equilibrio, Botones de tierra, Sombreros de pensamiento.

Ortografía impecable

Botones de tierra, El elefante, Sombreros de pensamiento, El búho.

Permanecer sentado en forma cómoda

Activación de brazo, Toma a tierra, Balanceo de gravedad, Gateo cruzado acostado.

Trabajar cómodamente ante la computadora

Agua, Botones de cerebro, Botones de equilibrio, Rotación de cuello, Ganchos.

Administración

Conectarse con la propia creatividad

Garabato doble, Flexión de pie, Bombeo de pantorrilla, Bostezo energético.

Conducir entrevistas

Flexión de pie, Bombeo de pantorrilla, Bostezo energético, Ochos perezosos.

Hablar en público

El elefante, El búho, Bostezo energético, Sombreros de pensamiento, Gateo cruzado, Ganchos, Puntos positivos.

Asumir y manejar decisiones personales

Flexión de pie, Toma a tierra, Bombeo de pantorrilla, Balanceo de gravedad.

Expresión de habilidades de liderazgo

Flexión de pie, Bombeo de pantorrilla, Bostezo energético, Ochos perezosos.

Planeación de estrategias a largo plazo

Bombeo de pantorrilla, Toma a tierra, Balanceo de gravedad, El elefante.

Mantenerse dentro de los objetivos, agenda o presupuesto

Botones de tierra, Botones de espacio, Botones de equilibrio.

Cultivar buenas relaciones con los colaboradores

Gateo cruzado, La mecedora, Rotación de cuello, Bostezo energético, Respiración de vientre.

Administrar los recursos

Botones de equilibrio, Botones de tierra, Botones de espacio.

Presidir reuniones de trabajo

Bombeo de pantorrilla, Botones de cerebro, Botones de equilibrio, Ganchos.

Establecimiento y logro de metas

Agua, Botones de cerebro, Gateo cruzado, Ganchos.

Mantener la ética y los valores

Bombeo de pantorrilla, Flexión de pie, Bostezo energético, Ganchos.

Comprensión de lectura

Flexión de pie, Balanceo de gravedad, Toma a tierra, Bombeo de pantorrilla.

Lectura en voz alta

La mecedora, Rotación de cuello, Bostezo energético, Respiración de vientre.

Lectura veloz

Bombeo de pantorrilla, Gateo cruzado, Ochos perezosos, Mira una "X".

Integración de equipos

La mecedora, Bombeo de pantorrilla, Botones de equilibrio, Gateo cruzado, Ochos perezosos.

Establecimiento de prioridades

Botones de espacio, Sombreros de pensamiento, Gateo cruzado, Ganchos.

Aportación de crítica constructiva

Rotación de cuello, Bostezo energético, Respiración de vientre.

Manejo de la crítica

Bombeo de pantorrilla, Ganchos, Puntos positivos.

Conservar una energía positiva

Puntos positivos, Ganchos, Botones de equilibrio.

Escritura efectiva

Bombeo de pantorrilla, Flexión de pie, El búho, Bostezo energético.

Conservar el sentido del humor

La mecedora, Activación de brazo, Sombreros de pensamiento, Bostezo energético, Ganchos.

Navegar por internet

Gateo cruzado, Botones de cerebro, Sombreros de pensamiento, Activación de brazo.

Dejar recados telefónicos

Ganchos, Bostezo energético, Bombeo de pantorrilla, El energetizador.

Relaciones públicas

Sentirse cómodo frente a la computadora

Agua, Botones de cerebro, Botones de equilibrio, Rotación de cuello, Ganchos.

Realizar múltiples tareas

Botones de cerebro, Toma a tierra, Ganchos.

Conectarse con un concepto positivo de uno mismo

Puntos positivos, Ganchos, Botones de equilibrio.

Conectarse con la memoria

El elefante, El búho, Sombreros de pensamiento.

Aprecio de tu apariencia personal

Botones de tierra, Botones de espacio, Botones de equilibrio.

Proyectar confianza

Sombreros de pensamiento, El búho, Gateo cruzado, Puntos positivos.

Manejar el teclado con destreza

Botones de cerebro, Botones de equilibrio, Botones de tierra, Activación de brazo, Garabato doble, Ochos perezosos.

Mantener la calidad de la voz en el teléfono

El elefante, Bostezo energético, El búho, Sombreros de pensamiento, Ganchos.

Conservar la calma

Botones de tierra, Ganchos, Puntos positivos.

Mantener un buen ambiente cuando estamos con otras personas

Bombeo de pantorrilla, Flexión de pie, Bostezo energético, El energetizador.

Escritura efectiva

Bombeo de pantorrilla, Flexión de pie, El búho, Bostezo energético.

Atender múltiples tareas

Botones de cerebro, Toma a tierra, Ganchos.

Sentirse confiado en el teléfono

Botones de equilibrio, El elefante, El búho, Activación de brazo, Bostezo energético, Sombreros de pensamiento.

Conservar el sentido del humor

La mecedora, Activación de brazo, Sombreros de pensamiento, Bostezo energético, Ganchos.

Navegar por Internet

Gateo cruzado, Botones de cerebro, Sombreros de pensamiento, Activación de brazo.

Dejar recados telefónicos

Ganchos, Bostezo energético, Bombeo de pantorrilla, El energetizador.

Ventas

Iniciar el contacto con personas desconocidas

Puntos positivos, Sombreros de pensamiento, El búho, Gateo cruzado.

Sentirse a gusto trabajando a solas

Agua, Botones de cerebro, Gateo cruzado, Ganchos.

Conducir con comodidad

Botones de equilibrio, Ochos perezosos, Ganchos, Puntos positivos.

Viajar en avión con tranquilidad

Botones de equilibrio, El elefante, Ochos perezosos, Gateo cruzado, Ganchos, Puntos positivos.

Desarrollar la relación (*rapport*)

Flexión de pie, Bostezo energético, Ochos perezosos, Bombeo de pantorrilla.

Llenar formatos burocráticos repetitivos

Botones de cerebro, Botones de tierra, Activación de brazo, Ochos perezosos, Ochos alfabéticos.

Conservar la flexibilidad postural

Activación de brazo, Gateo cruzado, Balanceo de gravedad, El energetizador.

Dar seguimiento

La mecedora, El energetizador, Gateo cruzado.

Escritura legible

Activación de brazo, Garabato doble, Ochos perezosos, Ochos alfabéticos.

Trabajar en equipo

Garabato doble, Flexión de pie, Bombeo de pantorrilla.

Mantener un buen ambiente con otras personas

Bombeo de pantorrilla, Flexión de pie, Bostezo energético, El energetizador.

Conservar un espíritu positivo

Puntos positivos, Ganchos, Botones de equilibrio.

Contestar teléfonos

Sombreros de pensamiento, El elefante, El búho.

Escritura efectiva

Bombeo de pantorrilla, Flexión de pie, El búho, Bostezo energético.

Manejar el teclado con destreza

Botones de cerebro, Botones de equilibrio, Botones de tierra, Activación de brazo, Garabato doble, Ochos perezosos.

Sentirse a gusto frente a la computadora

Agua, Botones de cerebro, Botones de equilibrio, Rotación de cuello, Ganchos.

Navegar por internet

Gateo cruzado, Botones de cerebro, Sombreros de pensamiento, Activación de brazo.

Dejar recados telefónicos

Ganchos, Bostezo energético, Bombeo de pantorrilla, El energetizador.

Habilidades secretariales

Sostener la calidad de la voz en el teléfono

El elefante, Bostezo energético, El búho, Sombreros de pensamiento, Ganchos.

Redacción de cartas

Bombeo de pantorrilla, Flexión de pie, El búho, Bostezo energético.

Utilización de habilidades aritméticas

Botones de tierra, Botones de espacio, Botones de equilibrio, Sombreros de pensamiento, El búho, Bostezo energético.

Clasificación y archivo

Botones de equilibrio, Botones de tierra, Botones de espacio.

Ejecutar instrucciones

Sombreros de pensamiento, Botones de equilibrio, El búho, El elefante, Gateo cruzado, Ganchos.

Escucha activa y atenta

Sombreros de pensamiento, El elefante, El búho.

Llevar el inventario y registro de proveedores

Gateo cruzado, Toma a tierra, Balanceo de gravedad, El búho, El energetizador.

Organizar el papeleo de oficina

Garabato doble, La mecedora, Puntos positivos.

Lectura sin tensión ocular

Agua, Botones de cerebro, Botones de tierra, Ochos perezosos, Gateo cruzado, Mira una "X".

Manejo de la crítica

Bombeo de pantorrilla, Ganchos, Puntos positivos.

Ser asertivo

Botones de equilibrio, Ganchos, Puntos positivos.

Hablar con claridad

Bostezo energético, Sombreros de pensamiento, El elefante, Ganchos.

Coordinación de procesos en el teclado

Activación de brazo, Garabato doble, Ochos perezosos, Ochos alfabéticos.

Sentirse a gusto frente a la computadora

Agua, Botones de cerebro, Botones de equilibrio, Rotación de cuello, Ganchos.

Escritura legible

Activación de brazo, Garabato doble, Ochos perezosos, Ochos alfabéticos.

Comprensión de lectura

Flexión de pie, Balanceo de gravedad, Toma a tierra, Bombeo de pantorrilla.

Ortografía impecable

Botones de tierra, El elefante, Sombreros de pensamiento, El búho.

Contestar teléfonos

Sombreros de pensamiento, El elefante, El búho.

Ajustarse a horarios, planes

Respiración de vientre, Botones de tierra, Botones de equilibrio, Puntos positivos, Ganchos.

Permanecer sentados cómodamente

Activación de brazo, Toma a tierra, Balanceo de gravedad, Gateo cruzado acostado.

Conservar la flexibilidad postural

Activación de brazo, Gateo cruzado, Balanceo de gravedad, El energetizador.

Conservar tu energía positiva

Puntos positivos, Ganchos, Botones de equilibrio.

Establecer prioridades

Botones de espacio, Sombreros de pensamiento, Gateo cruzado, Ganchos.

Navegar por internet

Gateo cruzado, Botones de cerebro, Sombreros de pensamiento, Activación de brazo.

Dejar recados telefónicos

Ganchos, Bostezo energético, Bombeo de pantorrilla, El energetizador.

Envío y recepción de mercancía

Sentirse a gusto frente a la computadora

Agua, Botones de cerebro, Botones de equilibrio, Rotación de cuello, Ganchos.

Coordinación de facturas y productos

Botones de equilibrio, El búho, Gateo cruzado, Ochos alfabéticos.

Llevar el inventario y registro de proveedores

Gateo cruzado, Toma a tierra, Balanceo de gravedad, El búho, El energetizador.

Utilización de habilidades aritméticas

Botones de tierra, Botones de espacio, Botones de equilibrio, Sombreros de pensamiento, El búho, Bostezo energético.

Mantenerse dentro de las agendas establecidas

Respiración de vientre, Botones de tierra, Botones de equilibrio, Puntos positivos, Ganchos.

Embalaje y clasificación de empaques y cajas

Toma a tierra, Balanceo de gravedad, Botones de cerebro, Botones de tierra, Botones de espacio.

Lectura con precisión

Agua, Botones de cerebro, Botones de tierra, Ochos perezosos, Gateo cruzado.

Seguir instrucciones

Sombreros de pensamiento, Botones de equilibrio, El búho, El elefante, Gateo cruzado, Ganchos.

Sentirse confiado en el teléfono

Botones de equilibrio, El elefante, El búho, Activación de brazo, Bostezo energético, Sombreros de pensamiento.

Manejar el teclado con destreza

Botones de cerebro, Botones de equilibrio, Botones de tierra, Activación de brazo, Garabato doble, Ochos perezosos.

Ortografía impecable

Botones de tierra, El elefante, Sombreros de pensamiento, El búho.

Conservar la flexibilidad postural

Activación de brazo, Gateo cruzado, Balanceo de gravedad, El energetizador.

Dar seguimiento

La mecedora, El energetizador, Gateo cruzado.

Prestar atención fina a los detalles

Botones de cerebro, Gateo cruzado, Botones de tierra, Ochos perezosos.

Conducir con seguridad

Botones de equilibrio, Ochos perezosos, Ganchos, Puntos positivos.

Conservar una energía positiva

Puntos positivos, Ganchos, Botones de equilibrio.

Organización de papeleo

Garabato doble, La mecedora, Puntos positivos.

Llenado de formatos burocráticos repetitivos

Botones de cerebro, Botones de Tierra, Activación de brazo, Ochos perezosos, Ochos alfabéticos.

Atención a múltiples tareas

Botones de cerebro, Toma a tierra, Ganchos.

Permanecer sentados cómodamente

Activación de brazo, Toma a tierra, Balanceo de gravedad, Gateo cruzado acostado.

Supervisión

Apegarse a los objetivos

Botones de equilibrio, Ganchos, Puntos positivos.

Comunicación con tacto

Bombeo de pantorrilla, Toma a tierra, Balanceo de gravedad, Flexión de pie.

Comunicación efectiva

Bombeo de pantorrilla, Flexión de pie, Ochos perezosos, Bostezo energético.

Apreciar puntos de vista distintos

Bombeo de pantorrilla, Flexión de pie, Ganchos.

Delegación de responsabilidades

Toma a tierra, Balanceo de gravedad, El búho.

Conservar la flexibilidad postural

Activación de brazo, Gateo cruzado, Balanceo de gravedad, El energetizador.

Aportar crítica constructiva

Rotación de cuello, Bostezo energético, Respiración de vientre.

Manejo de decisiones personales

Flexión de pie, Toma a tierra, Bombeo de pantorrilla, Balanceo de gravedad.

Logro de metas, objetivos, agendas

Botones de tierra, Botones de espacio, Botones de equilibrio.

Asumir responsabilidades

Puntos positivos, Mira una "X", Respiración de vientre.

Escritura legible

Activación de brazo, Garabato doble, Ochos perezosos, Ochos alfabéticos.

Lectura sin tensión ocular

Agua, Botones de cerebro, Botones de tierra, Ochos perezosos, Gateo cruzado, Mira una "X".

Comprensión de lectura

Flexión de pie, Balanceo de gravedad, Toma a tierra, Bombeo de pantorrilla.

Mantener un espíritu positivo

Puntos positivos, Ganchos, Botones de equilibrio.

Ajustarse a las agendas

Respiración de vientre, Botones de tierra, Botones de equilibrio, Puntos positivos, Ganchos.

Establecimiento de límites

Puntos positivos, Ganchos, Botones de equilibrio.

Navegar por internet

Gateo cruzado, Botones de cerebro, Sombreros de pensamiento, Activación de brazo.

Dejar recados telefónicos

Ganchos, Bostezo energético, Bombeo de pantorrilla, El energetizador.

Habilidades técnicas

Trabajar a gusto frente a la computadora

Agua, Botones de cerebro, Botones de equilibrio, Rotación de cuello, Ganchos.

Coordinación de procesos en el teclado

Activación de brazo, Garabato doble, Ochos perezosos, Ochos alfabéticos.

Conectarte con tu memoria

El elefante, El búho, Sombreros de pensamiento.

Utilizar habilidades mecánicas

Botones de cerebro, Activación de brazo, Gateo cruzado.

Mantener la confianza en uno mismo

Botones de equilibrio, Botones de tierra, Botones de espacio.

Lectura sin tensión ocular

Agua, Botones de cerebro, Botones de tierra, Ochos perezosos, Gateo cruzado, Mira una "X".

Resolución de problemas del equipo

Botones de tierra, Botones de espacio, El energetizador, Ganchos.

Ingresar datos o instrucciones con precisión

Botones de cerebro, Botones de equilibrio, Botones de tierra, Sombreros de pensamiento.

Ajustarse a las agendas

Respiración de vientre, Botones de tierra, Botones de equilibrio, Puntos positivos, Ganchos.

Escritura efectiva

Bombeo de pantorrilla, Flexión de pie, El búho, Bostezo energético.

Conservar la flexibilidad postural

Activación de brazo, Gateo cruzado, Balanceo de gravedad, El energetizador.

Permanecer sentado cómodamente

Activación de brazo, Toma a tierra, Balanceo de gravedad, Gateo cruzado acostado.

Conservar el sentido del humor

La mecedora, Activación de brazo, Sombreros de pensamiento, Bostezo energético, Ganchos.

Navegar por internet

Gateo cruzado, Botones de cerebro, Sombreros de pensamiento, Activación de brazo.

Dejar recados telefónicos

Ganchos, Bostezo energético, Bombeo de pantorrilla, El energetizador.

Telemercadeo

Responder preguntas

Bombeo de pantorrilla, Toma a tierra, Flexión de pie.

Establecer el primer contacto con nuevos clientes

Puntos positivos, Sombreros de pensamiento, El búho, Gateo cruzado.

Cultivo de la relación (*rapport*)

Flexión de pie, Bostezo energético, Ochos perezosos, Bombeo de pantorrilla.

Manejar y superar decepciones

Puntos positivos, Ganchos.

Apreciar otros puntos de vista

Bombeo de pantorrilla, Flexión de pie, Ganchos.

Dar seguimiento

La mecedora, El energetizador, Gateo cruzado.

Manejo del rechazo

Respiración de vientre, Rotación de cuello, Bostezo energético, Puntos positivos, Ganchos.

Memorización del argumento de ventas

El búho, El elefante, Bostezo energético, Sombreros de pensamiento.

Escucha activa y atenta

Sombreros de pensamiento, El elefante, El búho.

Responder a las objeciones con tranquilidad

Bostezo energético, Rotación de cuello, Respiración de vientre.

Organización de papeleo

Garabato doble, La mecedora, Puntos positivos.

Mantener la calidad de la voz en el teléfono

El elefante, Bostezo energético, El búho, Sombreros de pensamiento, Ganchos.

Memorización de la información de mi producto

Botones de equilibrio, Rotación de cuello, Gateo cruzado, Puntos positivos.

Conservar el sentido del humor

La mecedora, Activación de brazo, Sombreros de pensamiento, Bostezo energético, Ganchos.

Permanecer sentado cómodamente

Activación de brazo, Toma a tierra, Balanceo de gravedad, Gateo cruzado acostado.

Mantener un buen ambiente con otras personas

Bombeo de pantorrilla, Flexión de pie, Bostezo energético, Ochos perezosos, El energetizador.

Contestar teléfonos

Sombreros de pensamiento, El elefante, El búho.

Conservar la flexibilidad postural

Activación de brazo, Gateo cruzado, Balanceo de gravedad, El energetizador.

Prestar atención fina a los détalles

Botones de cerebro, Gateo cruzado, Botones de tierra,
Ochos perezosos.

Conservar una energía positiva

Puntos positivos, Ganchos, Botones de equilibrio.

Establecimiento y logro de metas

Agua, Botones de cerebro, Gateo cruzado, Ganchos.

Llenar formatos burocráticos repetitivos

Botones de cerebro, Botones de tierra, Activación de
brazo, Ochos perezosos, Ochos alfabéticos.

Sentirse confiado en el teléfono

Botones de equilibrio, El elefante, El búho, Activación
de brazo, Bostezo energético, Sombreros de pensamiento.

Ser asertivo

Botones de equilibrio, Ganchos, Puntos positivos.

Dejar recados telefónicos

Ganchos, Bostezo energético, Bombeo de pantorrilla, El energetizador.

Redacción, edición y corrección

Trabajar cómodamente ante la computadora

Agua, Botones de cerebro, Botones de equilibrio, Rotación de cuello, Ganchos.

Conectarse con la propia creatividad

Garabato doble, Flexión de pie, Bombeo de pantorrilla, Bostezo energético.

Mantener la flexibilidad postural

Activación de brazo, Gateo cruzado, Balanceo de gravedad, El energetizador.

Permanecer sentado cómodamente

Activación de brazo, Toma a tierra, Balanceo de gravedad, Gateo cruzado acostado.

Prestar atención fina a los detalles

Botones de cerebro, Gateo cruzado, Botones de tierra, Ochos perezosos.

Organizar el papeleo

Garabato doble, La mecedora, Puntos positivos.

Lectura sin tensión ocular

Agua, Botones de cerebro, Botones de tierra, Ochos perezosos, Gateo cruzado, Mira una "X".

Manejo de la crítica

Bombeo de pantorrilla, Ganchos, Puntos positivos.

Escritura legible

Activación de brazo, Garabato doble, Ochos perezosos, Ochos alfabéticos.

Escritura efectiva

Bombeo de pantorrilla, Flexión de pie, El búho, Bostezo energético.

Establecimiento de prioridades

Botones de espacio, Sombreros de pensamiento, Gateo cruzado, Ganchos.

Lectura veloz

Bombeo de pantorrilla, Gateo cruzado, Ochos perezosos, Mira una "X".

Mantener la confianza en uno mismo

Botones de equilibrio, Botones de tierra, Botones de espacio.

Navegar por internet

Gateo cruzado, Botones de cerebro, Sombreros de pensamiento, Activación de brazo.

Dejar recados telefónicos

Ganchos, Bostezo energético, Bombeo de pantorrilla, El energetizador.

Índice de tareas

....

Para utilizar el siguiente índice de tareas relativas al trabajo, busca cada habilidad según su orden alfabético para determinar cuáles habilidades necesitas manejar y cuál menú de actividades de gimnasia para el cerebro puedes usar para mejorar esas habilidades. Cada menú te sugiere una secuencia de movimientos, desarrollados con base en largos años de estudios empíricos. Con el tiempo irás descubriendo tus propias preferencias en cuanto al orden en que realizas las actividades de gimnasia para el cerebro.

Administración de recursos

Botones de tierra, Botones de espacio, Botones de equilibrio.

Ajustarse a la agenda

Respiración de vientre, Botones de tierra, Botones de equilibrio, Puntos positivos, Ganchos.

Alcanzar las cuotas preestablecidas

Botones de tierra, Botones de espacio, Botones de equilibrio.

Apegarse a los objetivos

Botones de equilibrio, Ganchos, Puntos positivos.

Asumir responsabilidades

Puntos positivos, Mira una "X", Respiración de vientre.

Completar formularios

Activación de brazo, Garabato doble, Ochos alfabéticos, Bostezo energético.

Comunicación con clientes

Bostezo energético, Flexión de pie, Bombeo de pantorrilla, Balanceo de gravedad.

Comunicación efectiva

Bombeo de pantorrilla, Flexión de pie, Ochos perezosos, Bostezo energético.

Concentrar la atención

Gateo cruzado, Flexión de pie, Balanceo de gravedad, El búho.

Conducir entrevistas

Flexión de pie, Bombeo de pantorrilla, Bostezo energético, Ochos perezosos.

Conducir reuniones

Bombeo de pantorrilla, Botones de cerebro, Botones de equilibrio, Ganchos.

Conducir un vehículo con comodidad

Botones de equilibrio, Ochos perezosos, Ganchos, Puntos positivos.

Conectarse con la propia creatividad

Garabato doble, Flexión de pie, Bombeo de pantorrilla, Bostezo energético.

Conectarte con tu memoria

El elefante, El búho, Sombreros de pensamiento.

Conservar el autocontrol

Botones de equilibrio, Ganchos, Puntos positivos.

Conservar el entusiasmo

Ganchos, Bombeo de pantorrilla, Balanceo de gravedad.

Conservar el sentido del humor

La mecedora, Activación de brazo, Sombreros de pensamiento, Bostezo energético, Ganchos.

Conservar la calidad de la voz en el teléfono

El elefante, Bostezo energético, El búho, Sombreros de pensamiento, Ganchos.

Conservar la calma

Botones de tierra, Ganchos, Puntos positivos.

Conservar la ética y los valores

Bombeo de pantorrilla, Flexión de pie, Bostezo energético, Ganchos.

Conservar la versatilidad

Flexión de pie, La mecedora, Gateo cruzado acostado, El energetizador.

Conservar tu energía positiva

Puntos positivos, Ganchos, Botones de equilibrio.

Considerar los puntos de vista de los demás

Bombeo de pantorrilla, Flexión de pie, Ganchos.

Contestar teléfonos

Sombreros de pensamiento, El elefante, El búho.

Coordinación de facturas y productos

Botones de equilibrio, El búho, Gateo cruzado, Ochos perezosos.

Coordinación de procesos en el teclado

Activación de brazo, Garabato doble, Ochos alfabéticos, Ochos perezosos.

Creación de buenas relaciones laborales

Gateo cruzado, La mecedora, Rotación de cuello, Bostezo energético, Respiración de vientre.

Cultivar las relaciones

Flexión de pie, Bostezo energético, Ochos perezosos, Bombeo de pantorrilla.

Cultivar un concepto positivo de uno mismo

Puntos positivos, Ganchos, Botones de equilibrio.

Dejar recados telefónicos

Ganchos, Bostezo energético, Bombeo de pantorrilla, El elefante.

Delegar responsabilidades

Toma a tierra, Balanceo de gravedad, El búho.

Dictar a una computadora

Agua, Sombreros de pensamiento, Ganchos.

Empaque y clasificación de cajas

Toma a tierra, Balanceo de gravedad, Botones de cerebro, Botones de tierra, Botones de espacio.

Escritura efectiva

Bombeo de pantorrilla, Flexión de pie, El búho, Bostezo energético.

Escritura legible

Activación de brazo, Garabato doble, Ochos perezosos, Ochos alfabéticos.

Escucha atenta y activa

Sombreros de pensamiento, El elefante, El búho.

Establecer prioridades

Botones de espacio, Sombreros de pensamiento, Gateo cruzado, Ganchos.

Establecimiento de límites

Puntos positivos, Ganchos, Botones de equilibrio.

Establecimiento y cumplimiento de metas

Agua, Botones de cerebro, Gateo cruzado, Ganchos.

Evitar la tensión ocular en la computadora

Agua, Botones de cerebro, Gateo cruzado, Ochos perezosos.

Expresar habilidades de liderazgo

Flexión de pie, Bombeo de pantorrilla, Ochos perezosos, Bostezo energético.

Gestión de múltiples tareas

Botones de cerebro, Toma a tierra, Ganchos.

Hablar con claridad

Bostezo energético, Sombreros de pensamiento, El elefante, Ganchos.

Hablar en público

El elefante, El búho, Bostezo energético, Sombreros de pensamiento, Gateo cruzado, Ganchos, Puntos positivos.

Ingresar datos con rapidez, precisión y comodidad

Agua, Botones de cerebro, Rotación de cuello, Ganchos.

Ingresar información con precisión

Botones de cerebro, Botones de equilibrio, Botones de tierra, Sombreros de pensamiento.

Integración de equipos

La mecedora, Bombeo de pantorrilla, Botones de equilibrio, Gateo cruzado, Ochos perezosos.

Lectura con precisión

Agua, Botones de cerebro, Botones de tierra, Ochos perezosos, Gateo cruzado.

Lectura de comprensión

Flexión de pie, Balanceo de gravedad, Toma a tierra, Bombeo de pantorrilla.

Lectura en voz alta

La mecedora, Rotación de cuello, Bostezo energético, Respiración de vientre.

Lectura veloz

Bombeo de pantorrilla, Gateo cruzado, Ochos perezosos, Mira una "X".

Leer sin tensión ocular

Agua, Botones de cerebro, Botones de tierra, Gateo cruzado, Ochos perezosos, Mira una "X".

Llamar a nuevos clientes

Puntos positivos, Sombreros de pensamiento, El búho, Gateo cruzado.

Llevar a cabo instrucciones

Sombreros de pensamiento, Botones de equilibrio, El búho, El elefante, Gateo cruzado, Ganchos.

Llevar el inventario y registro de proveedores

Gateo cruzado, Toma a tierra, Balanceo de gravedad, El búho, El elefante.

Manejar decisiones relativas al personal

Flexión de pie, Toma a tierra, Bombeo de pantorrilla, Balanceo de gravedad.

Manejar el rechazo

Respiración de vientre, Rotación de cuello, Bostezo energético, Puntos positivos, Ganchos.

Manejar la crítica

Bombeo de pantorrilla, Ganchos, Puntos positivos.

Manejar las decepciones

Puntos positivos, Ganchos.

Manejar quejas

Flexión de pie, Balanceo de gravedad, Bombeo de pantorrilla.

Manejándonos con tacto

Bombeo de pantorrilla, Toma a tierra, Balanceo de gravedad, Flexión de pie.

Manejo de códigos y lenguaje legal

Botones de cerebro, Botones de tierra, Ochos perezosos, Puntos positivos.

Mantener la confianza

Botones de equilibrio, Botones de tierra, Botones de espacio.

Mantener la flexibilidad postural

Activación de brazo, Gateo cruzado, Balanceo de gravedad, El elefante.

Memorización de argumento de ventas

El búho, El elefante, Bostezo energético, Sombreros de pensamiento.

Ofrecer crítica constructiva

Rotación de cuello, Bostezo energético, Respiración de vientre.

Operación de cajeros automáticos

Agua, Botones de cerebro, Botones de tierra, Botones de espacio, Ochos perezosos.

Optimizar las habilidades de programación

Bombeo de pantorrilla, El elefante, Rotación de cuello, El búho.

Organización de archivos

Botones de equilibrio, Botones de tierra, Botones de espacio.

Organización de envíos masivos de correspondencia

Agua, Toma a tierra, Gateo cruzado, Botones de tierra, Mira una "X".

Organización de papeleo

Garabato doble, La mecedora, Puntos positivos.

Organización y finalización de tareas

Sombreros de pensamiento, Ochos perezosos, Gateo cruzado.

Ortografía impecable

Botones de tierra, El elefante, Sombreros de pensamiento, El búho.

Planificar estrategias a largo plazo

Bombeo de pantorrilla, Toma a tierra, Balanceo de gravedad, El elefante.

Prestar atención a los detalles

Botones de cerebro, Gateo cruzado, Botones de tierra, Ochos perezosos.

Proyectar confianza

Sombreros de pensamiento, El búho, Gateo cruzado, Puntos positivos.

Recordar la información sobre el producto

Gateo cruzado, Botones de equilibrio, Rotación de cuello, Puntos positivos.

Redacción de cartas

Bombeo de pantorrilla, Flexión de pie, El búho, Bostezo energético.

Resolución de problemas

Gateo cruzado, Botones de equilibrio, Rotación de cuello, Puntos positivos.

Resolver problemas de *software*

Botones de tierra, Botones de espacio, El energetizador, Ganchos.

Resolver problemas técnicos del equipo

Botones de tierra, Botones de espacio, El energetizador Ganchos.

Responder a objeciones con tranquilidad

Bostezo energético, Rotación de cuello, Respiración de vientre.

Responder preguntas

Bombeo de pantorrilla, Toma a tierra, Flexión de pie.

Secuenciación de números con precisión

Bombeo de pantorrilla, El elefante, Rotación de cuello, El búho, Balanceo de gravedad, Garabato doble.

Seguimiento de tareas

Ganchos, Bostezo energético, Flexión de pie, Bombeo de pantorrilla.

Seguimiento en general

La mecedora, El energetizador, Gateo cruzado.

Sentarse cómodamente

Activación de brazo, Toma a tierra, Balanceo de gravedad, Gateo cruzado acostado.

Sentirte cómodo con las personas

Gateo cruzado, Flexión de pie, Bostezo energético, El energetizador.

Sentirse confiados en el teléfono

Botones de equilibrio, El elefante, El búho, Activación de brazo, Bostezo energético, Sombreros de pensamiento.

Ser asertivo

Botones de equilibrio, Ganchos, Puntos positivos.

Trabajar con comodidad en la computadora

Agua, Botones de cerebro, Botones de equilibrio, Rotación de cuello, Ganchos.

Trabajar con hojas de cálculo

Botones de cerebro, Gateo cruzado, Botones de tierra, Botones de espacio, Ochos perezosos.

Trabajar con listas en la computadora

Botones de tierra, Botones de espacio, Botones de equilibrio.

Trabajar en equipo

Garabato doble, Flexión de pie, Bombeo de pantorrilla.

Trabajar con comodidad estando solo

Agua, Botones de cerebro, Gateo cruzado, Ganchos.

Usar con destreza el teclado

Botones de cerebro, Botones de equilibrio, Botones de tierra, Activación de brazo, Garabato doble, Ochos perezosos.

Utilizar habilidades aritméticas

Botones de tierra, Botones de espacio, Botones de equilibrio, Sombreros de pensamiento, El búho, Bostezo energético.

Utilizar habilidades mecánicas

Botones de cerebro, Activación de brazo, Gateo cruzado.

Valorar tu propia apariencia

Botones de tierra, Botones de espacio, Botones de equilibrio.

Viajar en avión con tranquilidad

Botones de equilibrio, El elefante, Ochos perezosos, Gateo cruzado, Ganchos, Puntos positivos.

PARTE 3

Actividades de gimnasia para el cerebro® (en orden alfabético)

Cuando practiques los movimientos detallados en estas páginas –y por cierto, cuando realices todas tus actividades cotidianas– te sugerimos no olvidar lo siguiente:

La clave para la respiración coordinada

Ya sea que te inclines, te estires o levantes una parte de tu cuerpo debes:

- Exhalar en los movimientos en los que estás extendiéndote o esforzándote.
- Inhalar cuando recoges tus miembros o tu energía hacia ti.

Esto es todo lo que necesitas recordar para una coordinación equilibrada del movimiento y la respiración. Con el tiempo, a medida que practiques el sistema de gimnasia para el cerebro, se irá volviendo automática.

Activación de brazo

La activación de brazo inicia con el brazo derecho levantado, como si quisieras alcanzar el techo. En este movimiento, el brazo extendido hacia arriba intentará moverse hacia delante, hacia atrás, a un lado y al otro. En todos los casos, la mano contraria trabaja queriendo contener o detener el movimiento.

Una vez que tienes el brazo extendido hacia arriba, coloca la mano izquierda arriba de tu axila derecha, sobre los músculos del bíceps. Inhala, y al exhalar lenta y suavemente por la boca, presiona tu brazo derecho con la mano izquierda, ejerciendo una fuerza contraria a la de tu brazo derecho, pues tú deseas moverlo hacia adelante. La presión y "lucha de fuerzas opuestas" entre tu brazo y tu mano dura aproximadamente ocho segundos. Cuando termines de exhalar, relaja la presión e inhala profundamente. Repite llevando ahora el brazo derecho hacia la oreja, lejos de ella, y hacia atrás. Recuerda coordinar la presión con la duración de la exhalación. Repite todo el proceso con el otro brazo.

Para qué sirve

Este movimiento alarga los músculos de la parte superior del pecho y hombros, donde se origina buena parte del control muscular de la motricidad fina y gruesa. La activación de brazo relaja y coordina los músculos del brazo y libera la mente para que fluya la escritura creativa, la ortografía y la caligrafía.

Balanceo de gravedad

Siéntate cómodamente en el borde de una silla. Cruza los pies a la altura de los tobillos, doblando apenas las rodillas. Exhala lentamente conforme te inclinas hacia adelante, con la cabeza mirando hacia abajo, entre los dos brazos. Tu tronco y brazos deben deslizarse hasta quedar paralelos a las piernas. Alcanza tan lejos como puedas, pero sin esforzarte. Ahora inhala conforme regresas a la postura original. Cuida que tu cabeza sea la última en llegar a la postura erguida. Realiza el ejercicio completo por lo menos durante tres o más ciclos de respiración. Después, cruza las piernas en la posición contraria y repite el procedimiento.

Para qué sirve

Cuando los músculos de las caderas (el grupo muscular de los ileopsoas) se tensan por haber permanecido sentados durante largos períodos, o por estrés en la región pélvica, el movimiento, la flexibilidad, e incluso la circulación sanguínea y linfática, se ven restringidos. La relajación de este grupo muscular es esencial para el equilibrio y para la coordinación total del cuerpo, y contribuye a elevar la capacidad de comprensión. El balanceo de gravedad alarga y relaja estos músculos.

Bombeo de pantorrilla

Ponte de pie frente a una pared, a una distancia en que las palmas de las manos puedan apoyarse en el muro mientras mantienes los brazos estirados. La separación entre las manos será igual a la distancia entre tus hombros. Extiende tu pierna izquierda detrás de ti, de manera que la parte delantera de la planta del pie se apoye en el suelo, y el talón quede en el aire. Tu cuerpo tendrá una inclinación de 45 grados.

Exhala, inclinándote hacia adelante sobre la pared, a la vez que flexionas la rodilla derecha, y ejerces un poco de presión sobre el talón izquierdo intentando apoyarlo completamente en el piso. Cuanto mayor sea la flexión de la pierna que está adelante, mayor será el estiramiento que sentirás en la pantorrilla de la pierna izquierda. Inhala y enderézate, mientras relajas y levantas el talón del pie izquierdo. Realiza este movimiento tres o más veces, haciendo una respiración completa con cada ciclo. Luego repite la secuencia con la otra pierna.

Para qué sirve

El bombeo de pantorrilla restaura la extensión natural de los músculos y los tendones de la parte anterior del cuerpo. Esto libera el reflejo de echar el cuerpo hacia atrás y los sentimientos asociados de inhibición o incapacidad para participar en actividades, de "poner manos a la obra". Con el bombeo de pantorrilla mejoras la concentración, la atención, la comprensión y la habilidad de llevar a término tus proyectos.

Bostezo energético

Empieza a bostezar a la vez que presionas las mejillas con la yema de los dedos de cada mano, intentando hallar cualquier sitio tenso a lo largo de las quijadas, donde tus mejillas cubren tus molares superiores e inferiores. Emite los sonidos genuinos, fuertes y relajados característicos del bostezo, al tiempo que liberas toda la tensión. Repite el bostezo unas tres o más veces.

Para qué sirve

Más de 50 por ciento de las conexiones neurológicas del cerebro con el resto del cuerpo pasan a través de las articulaciones de la quijada. Al masajear el área que cubre los músculos que abren y cierran la boca, relajas la quijada y liberas estas conexiones, lo cual promueve una mayor integración de la totalidad de tu cerebro con tu cuerpo.

El bostezo energético también relaja los ojos al estimular la lubricación. Para muchas personas existe una relación positiva entre la fluidez del movimiento de las quijadas, la fluidez en la expresión, e incluso, la fluidez de la creatividad.

Botones de cerebro

Coloca una mano sobre el ombligo. Con el pulgar y el índice de tu otra mano, dibuja una letra "C" de aproximadamente 10 centímetros. Con estos dedos vas a identificar dos huequitos o zonas un tanto deprimidas justo debajo de las clavículas, a unos 3 o 4 centímetros respecto del centro del pecho (donde las clavículas se unen con el esternón). Soba estos puntos vigorosamente de 30 segundos a un minuto, mientras diriges la mirada de izquierda a derecha, y de derecha a izquierda. La mano en el ombligo permanece inmóvil. Después, intercambia de mano y vuelve a repetir toda la instrucción.

Para qué sirven

Los botones de cerebro estimulan las arterias carótidas que abastecen al cerebro de sangre recientemente oxigenada. Ayudan a restablecer los mensajes de diversas partes del cuerpo hacia el cerebro y al sistema óptico, mejorando así la "comunicación cruzada" del cerebro que interviene en la lectura, escritura, expresión oral, y al recibir y cumplir instrucciones.

Botones de equilibrio

Coloca la punta de los dedos índice y medio atrás de la oreja, justo en la zona dura o "mastoidea" del cráneo, como a tres dedos de distancia de tu oreja. Coloca la otra mano sobre el ombligo. Sostén esta postura de 30 segundos a un minuto, al tiempo que respiras profundamente. Si sientes tensión detrás de tus rejas, masajea en pequeños círculos presionando tu cabeza contra tus dedos. Cambia de mano para trabajar con el otro lado.

Para qué sirven

Estos botones estimulan el sistema del equilibrio que se ubica en el oído interno. Ayudan a recuperar el sentido de equilibrio, a relajar los ojos y el resto del cuerpo, a la vez que liberan la atención para pensar y actuar con mayor fluidez. Mejoran nuestra organización corporal y, por lo tanto, la toma de decisiones, la concentración y la resolución de problemas.

Botones de espacio

Coloca los dedos índice y medio arriba del labio superior y la otra mano en la espalda con los dedos apuntando hacia abajo y tocando el sacro. Respira profundo, al inhalar, eleva la mirada hacia el techo. Gradualmente, exhala llevando la mirada hasta el suelo. Luego vuelve a elevar la mirada hacia el techo, mientras inhalas. Repite la respiración unas tres o cuatro veces más, hasta que tus ojos y tu cuerpo se sientan relajados.

Para qué sirven

Los botones de espacio están localizados cerca de las partes superior e inferior del sistema nervioso central, el cual incluye la columna dorsal, el tallo cerebral, el cerebro medio (justo atrás de la nariz y los ojos) y la corteza cerebral.

Al sostener los dos puntos estimulamos el movimiento a través del sistema nervioso, lo cual mejora el enfoque visual, la atención, la motivación y la intuición para la toma de decisiones.

Botones de tierra

Coloca los dedos índice y medio bajo el labio inferior. Coloca la palma de tu otra mano sobre el ombligo con los dedos apuntando hacia el suelo. Respira profundamente conforme miras al piso. Moviendo únicamente los ojos, sube gradualmente la mirada desde el suelo hasta el techo, acompañando con una inhalación. Conforme exhalas, baja la mirada por esta línea vertical imaginaria que une al techo y al suelo, sincronizando el movimiento ocular con el ritmo de la respiración.

Sostén la postura y repite el movimiento durante tres respiraciones, o más, si sientes que aún necesitas liberar más tensión de tu cuerpo y de tus ojos.

Para qué sirven

Los botones de tierra están localizados en la línea media del cuerpo, el punto central de referencia a través del cual todas las tareas que involucran ambos lados del cuerpo deben ser coordinadas. Al presionar estos puntos, estimulas al cerebro y liberas la fatiga mental; mejoras las habilidades organizacionales y la habilidad de enfocar tu visión en los objetos cercanos.

El búho

Con la mano izquierda toma y aprieta firmemente la parte de arriba del músculo que gobierna el movimiento del hombro derecho (justo entre el cuello y el hombro). Inhala profundamente. Exhala mientras giras la cabeza hasta mirar sobre tu hombro derecho; inhala mientras regresas tu cabeza al centro. Exhala mientras giras tu cabeza hacia tu hombro izquierdo; inhala mientras regresas tu cabeza al centro. Ahora exhala mientras permites que tu cabeza caiga hacia adelante, dejando que la barbilla toque el pecho. Inhala mientras levantas la cabeza. Repite durante tres o más ciclos de respiración en cada una de las tres direcciones, mientras tu cuello y tus hombros se relajan. Ahora, realiza el movimiento del búho mientras comprimes tu hombro izquierdo con la mano derecha, repitiendo durante tres o más ciclos respiratorios en cada una de las tres direcciones.

Para qué sirve

El búho libera la tensión de los músculos de los hombros y del cuello, restableciendo así el rango de movimiento natural de la cabeza. La tensión en los músculos del cuello es provocada frecuentemente por una subvocalización crónica cuando estamos leyendo o resistimos el impulso natural de voltear la cabeza para escuchar. Conforme se relajan los músculos del cuello, mejoran la escucha, la comprensión, el pensamiento y las habilidades de expresión.

El elefante

Ponte de pie y separa las piernas en un compás igual a la distancia entre los hombros. Ubícate frente a una pared, y sobre ella imagina el dibujo de un gran ocho acostado. Flexiona tus rodillas y extiende tu brazo izquierdo frente a ti. Inclina la cabeza de modo que tu oreja izquierda toque tu hombro izquierdo.

Apunta el dedo índice de tu brazo extendido y, elevándote desde la cintura, sigue el trazo del 8 comenzando en el centro con un movimiento ascendente hacia la izquierda y luego hacia la derecha, respira profundamente mientras enfocas tus ojos más allá de tu mano (idealmente deberías ver una imagen doble de tu mano).

Continúa trazando tres o más ochos acostados, para luego repetir todo el proceso con el brazo derecho extendido y la oreja derecha descansando sobre el hombro derecho.

Para qué sirve

Muy a menudo, la tensión de los músculos del cuello es la consecuencia de evitar en forma crónica el voltear la cabeza para escuchar. El elefante libera la tensión muscular del cuello, la cual puede inhibir la percepción del sonido, restaurando su flexibilidad natural. Integra al lado izquierdo y derecho del cerebro, mejorando la capacidad de comprensión del material escuchado, las memorias de corto y largo plazos, y el pensamiento abstracto.

El energetizador

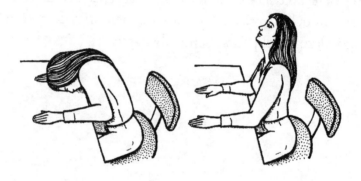

Siéntate en una silla frente a una mesa o escritorio, coloca las manos justo frente a ti, y entre ellas descansa tu cabeza apoyando la frente sobre la mesa. Ahora, mientras levantas lentamente la cabeza, inhala profundamente, enviando la respiración hasta la base de la columna vertebral. El torso y los hombros tienen que permanecer relajados. Posteriormente, al tiempo que exhalas, lleva la barbilla hacia el pecho y comienza a bajar la cabeza en dirección a la mesa, mientras estiras la parte posterior del cuello. Descansa la cabeza sobre la mesa mientras te relajas y respiras profundamente. Repite tres o más veces toda la secuencia.

Para qué sirve

El energetizador te permite mantener la tonicidad de los músculos de la espalda, y la flexibilidad y relajamiento de la columna vertebral. Esta práctica mejora la postura, la concentración y la atención. Es particularmente útil para quienes trabajan durante largas jornadas en un escritorio o frente a una computadora.

Flexión de pie

Sentado, cruza la pierna derecha de forma tal que el tobillo descanse en la rodilla contraria. Coloca una mano debajo de la rodilla derecha, justo donde termina el músculo de la pantorrilla. La otra mano sostiene también el tendón de Aquiles, justo atrás del hueso del tobillo. El pie derecho va a ponerse de punta y a flexionarse lentamente cinco o más veces, mientras sostienes las dos manos en sus posiciones respectivas. Siente cómo se estira y relaja el músculo de la pantorrilla. Ahora coloca ambos pies sobre el piso y siente la diferencia entre las dos piernas. A continuación, repite el movimiento con la otra pierna. Algunas personas obtienen grandes beneficios al enderezar la pierna conforme sostienen los extremos del músculo y flexionan el pie.

Para qué sirve

La flexión de pie restaura la extensión natural de los tendones en la zona de la pantorrilla. Relaja el reflejo de "anudar" y empujar las rodillas hacia atrás, al tiempo que aumenta nuestras habilidades de comunicación, concentración y para terminar tareas.

Garabato doble

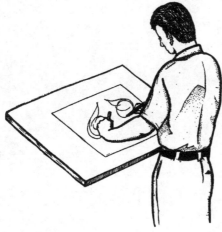

Sostén una pluma, crayón o algo para escribir en cada mano. Sobre una hoja de papel grande, usando ambas manos en forma simultánea, dibuja formas en espejo, permitiendo que una mano sea la que lidere el movimiento y la otra lo siga. Empieza dibujando formas grandes, simples, como círculos, cuadrados y triángulos. Al principio, es importante que te concentres en las direcciones "arriba", "abajo", "adentro", "afuera". Conforme ganes confianza, irás haciendo diseños cada vez más creativos y divertidos.

Para qué sirve

El garabato doble es una actividad de dibujo bilateral que permite establecer dirección y orientación en el espacio en relación con la línea media del cuerpo. Al practicarlo, ejercitas la colaboración visual de los dos ojos y te ayuda a desarrollar la coordinación ojo-mano para mejorar tus habilidades de escritura.

Gateo cruzado

De pie, exagera el movimiento de la caminata en tu lugar y, lentamente, toca en forma alternada cada rodilla con la mano opuesta. Continúa el ejercicio hasta completar de 4 a 8 respiraciones completas. Otra variante del ejercicio consiste en realizar el movimiento sentado en una silla.

Para qué sirve

El gateo cruzado activa ambos hemisferios cerebrales en forma simultánea. Involucra al cerebro en la coordinación de las habilidades visuales, auditivas y kinestésicas, mejorando así la escucha, la lectura, la escritura y la memoria.

La mecedora

Siéntate en el suelo sobre un cojín o una superficie acolchada. Dobla las rodillas y junta los pies. Inclínate hacia atrás, llevando tu peso a las manos y caderas. Empieza a mecerte en pequeños círculos o de adelante hacia atrás, al tiempo que te concentras en disolver cualquier área de tensión en tus caderas o en la parte anterior de tus piernas. Recuerda mantener el ritmo natural de la respiración.

Para qué sirve

En este movimiento, el masaje de los ligamentos y las caderas ayuda a liberar la tensión de los músculos de la parte anterior del cuerpo que te impiden moverte hacia adelante con facilidad. La mecedora aumenta el flujo del líquido encéfalo-raquídeo hacia el cerebro, mejorando así la capacidad de concentración, de enfoque y comprensión. Cuando las caderas y la parte anterior de la espalda están relajadas, el hecho mismo de estar sentado se vuelve más cómodo y centrado.

Los ganchos

PRIMERA PARTE

Párate con ambos pies apoyados en el suelo. Cruza el tobillo izquierdo sobre el derecho. Extiende los brazos al frente a la altura de los hombros; voltea las palmas de las manos hacia fuera y con los pulgares apuntando al suelo. Cruza las manos de tal manera que las palmas se unan. Entrelaza los dedos y "engancha" las manos, moviéndolas en esta postura hacia abajo y en dirección del pecho. Los codos quedan mirando hacia abajo. La respiración, mientras sostienes la postura de los ganchos, es importante. Al momento de inhalar, coloca la lengua en el paladar, un centímetro más atrás de donde comienzan tus dientes delanteros. Cuando exhalas, baja la lengua, permitiéndole descansar en su posición normal. Repite las posiciones de la lengua, relajándote en esta última durante cuatro a ocho respiraciones completas.

SEGUNDA PARTE

Descruza tus piernas, apoyando los pies en forma paralela, haciendo un buen contacto con el piso. Desanuda los "ganchos" de las manos. Permite que tus manos se toquen por la punta de los dedos, como si sostuvieras una pelota a la altura del ombligo. Cierra los ojos y continúa con la misma forma de respiración, pegando la lengua al paladar en la inhalación y relajando la lengua cuando exhalas, durante cuatro a ocho respiraciones completas.

Para qué sirven

Los ganchos fueron desarrollados primero por Wayne Cook, un estudioso de la energía electromagnética. Paul y Gail Dennison desarrollaron la variante que presentamos aquí. La primera parte de los ganchos conecta en forma simultánea todos los circuitos energéticos de tu cuerpo, estimulando la superación de cualquier bloqueo energético. Al tocar las puntas de los dedos en la segunda parte, equilibras y conectas los dos hemisferios de tu cerebro. Esto fortalece la energía electromagnética del cuerpo, especialmente en ambientes que contienen campos eléctricos fuertes provenientes de computadoras, luces fluorescentes, televisión o aire acondicionado.

Entre los beneficios que aporta esta postura se encuentran el incremento de la vitalidad, una mayor autoestima y un sentido más amplio de los límites personales.

Mira una "X"

Observa la "X" dibujada en esta página por unos cuantos momentos o cierra tus ojos e imagínala. Observa cómo la visión se parece a esta letra "X". Tus ojos tienen que colaborar y coordinar su trabajo a fin de conectar las "cuatro esquinas": los campos visuales de la izquierda, derecha, arriba y abajo alrededor del punto de enfoque. También observa que hay una simetría y una organización corporal similar a una "X", ya que cada cadera se coordina con su hombro opuesto.

Para qué sirve

La "X" representa la habilidad de cruzar la línea media que conecta los campos visuales de la izquierda y la derecha, los lados derecho e izquierdo del movimiento corporal y ambos hemisferios del cerebro para lograr procesos de pensamiento integrados. Mira una "X" nos sirve para utilizar ambos ojos y ambos lados del cuerpo. Refuerza la coordinación total del cerebro y del cuerpo, lo cual permite la facilidad y fluidez de pensamiento, comunicación y desempeño.

Ochos alfabéticos

Coloca una hoja de papel u otra superficie en la que puedas escribir directamente frente a ti. Con una pluma o lápiz empieza a dibujar, en forma continua y "encimada", figuras de ochos acostados (figura 1).

Paso 1: dibuja tres ochos con tu mano izquierda. Después tres ochos con la mano derecha y, por último, tres ochos con las dos manos entrelazadas. Mantén el enfoque de tus ojos en la punta del lápiz o pluma.

Paso 2: dibuja tres ochos con la mano con la que usualmente escribes, sin parar. Es importante mantener el ritmo y la fluidez del movimiento. Sin separar la pluma del papel, traza a continuación una "a" minúscula en la porción izquierda del ocho acostado (figura 2). Sin parar, continúa dibujando otros tres ochos acostados.

Paso 3: dibuja tres ochos más y cuando termines, en la parte central, dibuja la espina de la "b" y termina la letra en la porción derecha del ocho acostado. Continúa con otros tres ochos acostados, sin parar (figura 2).

Paso 4: repite la misma secuencia, con la letra "c", ahora en la porción izquierda del ocho acostado, y empieza

Figura 1

Figura 2

Figura 3

después la secuencia con la "d", igualmente en la parte izquierda del ocho acostado (figura 3).

Para qué sirven

Los ochos alfabéticos son una adaptación de los ochos perezosos. Integran los movimientos corporales involucrados en la formación de letras escritas. Para muchas personas ser consciente de la semejanza de las letras, como de sus diferencias, las posibilita para escribirlas automáticamente, liberando espacio mental para el pensamiento creativo.

Ochos perezosos

Extiende tu brazo frente
a ti, a la altura de los
ojos, con el pulgar apun-
tando hacia el techo. Em-
pieza a trazar en el aire, en forma
lenta y fluida, un ocho acostado. Mientras dibujas el "8", enfoca tu mirada en
el pulgar. Este es un movimiento de coordinación ojo-mano, por lo que la cabeza y el cuello permanecen relajados y
erguidos, y el resto del cuerpo queda inmóvil. Permite que tu cabeza se mueva
ligeramente siguiendo el movimiento del 8.

Empieza a trazar el ocho perezoso a la altura de los
ojos, directamente en el centro de tu cuerpo. Mueve tu
brazo hacia arriba y hacia la izquierda, dibujando todo el
contorno izquierdo del ocho; regresa al centro; vuelve a
subir y dibuja el círculo derecho. Traza tres ochos completos con una mano, otros tres con la otra y, finalmente,
tres más con las manos entrelazadas.

Para qué sirven

Los ochos perezosos integran los campos visuales de la izquierda y la derecha, propiciando así la óptima comunicación de los hemisferios derecho e izquierdo, al mismo tiempo que mejora el equilibrio y la coordinación. Mucha gente reporta aumento en su visión binocular y periférica después de hacer los ochos perezosos. Las habilidades de lectura, escritura y comprensión mejoran, ya que los aspectos mecánicos de estas tareas físicas se vuelven más sencillos y la atención está libre para iniciar una actividad mental enfocada.

Puntos positivos

Los puntos positivos se encuentran justo arriba y a la mitad de cada ceja, y en el punto medio entre la ceja y el comienzo de la línea del cabello. Puedes percibir un ligero abultamiento donde se encuentran dichos puntos.

En forma suave, coloca tres dedos de cada mano en estos puntos. Algunas personas pre fieren cruzar las manos a fin de que su mano derecha estimule los puntos del lado izquierdo y viceversa. Una alternativa más es colocar la totalidad de la palma de la mano sobre la frente. Cierra los ojos y presiona ligeramente los puntos mientras realizas de 6 a 10 respiraciones lentas y profundas.

Tú puedes tocar tus puntos positivos o permitir que otra persona lo haga por ti. Para aliviar aún más el estrés, al mismo tiempo que estimulas los puntos, medita en la situación que provoca tu estrés y considera posibilidades alternativas.

Para qué sirven

Los puntos positivos corresponden a puntos de acupresión que permiten desvanecer el reflejo de "ataque o huida" y, por ello, la liberación del estrés emocional.

Al tocar estos puntos, desplazas la respuesta cerebral natural al estrés desde el cerebro medio, el centro de tus emociones, hacia la parte frontal, lo cual te permite respuestas más racionales.

Respiración de vientre

Coloca las manos sobre el abdomen. Inhala por la nariz lo más profundamente que puedas y exhala por la boca en pequeños soplidos, como si quisieras sostener una ligera pluma de ave en el aire, hasta que sientas que tus pulmones están completamente vacíos.

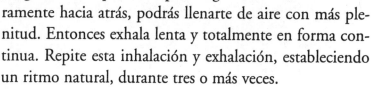

A continuación, inhala tan profundo como la primera vez. Siente que tu vientre se infla como un globo. Si arqueas la espalda ligeramente hacia atrás, podrás llenarte de aire con más plenitud. Entonces exhala lenta y totalmente en forma continua. Repite esta inhalación y exhalación, estableciendo un ritmo natural, durante tres o más veces.

Para qué sirve

La respiración de vientre mejora la administración de oxígeno en todo el cuerpo, especialmente el que alimenta al cerebro a través de la sangre. Esta respiración relaja el sistema nervioso central al tiempo que incrementa tu nivel de energía. Las respiraciones diafragmáticas son excelentes para mejorar tanto la lectura como la expresión oral.

Rotación de cuello

Relaja los hombros y deja caer la cabeza hacia delante, a la vez que respiras profundamente, dejando que el peso de la propia cabeza te dé la medida justa del movimiento. Cierra los ojos y lentamente empieza a rotar la cabeza de un lado al otro. En los puntos en que adviertas tensión, relaja la cabeza mientras dibujas pequeños círculos con la punta de la nariz y respiras profundamente. Haz tres o más movimientos completos de lado a lado.

Para qué sirven

La tensión en el cuello es a menudo provocada por la contracción de los músculos de la garganta cuando estamos verbalizando o pensando. La rotación de cuello libera la tensión de estos músculos, incrementando la habilidad para realizar actividades mentales sin estrés. La rotación de cuello también mejora la respiración y aumenta la relajación de las cuerdas vocales para lograr una voz más resonante. Ya que mejora la habilidad de mover los ojos de izquierda a derecha a través del campo medio visual, también incrementa las habilidades de lectura.

Sombreros de pensamiento

Lleva las manos hasta la parte superior de las orejas y, suavemente, intenta "desenrollar" la parte curva externa de ambas orejas al mismo tiempo. Continúa este masaje a lo largo de toda la oreja hasta llegar al lóbulo. Repite unas tres o cuatro veces más.

Para qué sirven

Ayudan a disminuir la percepción de sonidos y ruidos molestos o distractores, y a sintonizar la atención en los sonidos y ritmos con sentido, como son la música o el lenguaje. Este movimiento incrementa la capacidad de escuchar, ayudándonos inclusive a equilibrar la escucha (ecualizar) para promover una audición en estéreo. Igualmente, mejora la memoria de corto plazo y las habilidades de pensamiento abstracto.

Toma a tierra

De pie, con las piernas abiertas en un compás de aproximadamente un metro. Apunta el pie izquierdo hacia la izquierda. Mantén las caderas, al igual que el eje de todo el cuerpo, mirando claramente hacia el frente (toma una pared de referencia). Coloca las manos en la cintura. Flexiona la rodilla izquierda mientras exhalas, manteniendo estirada la pierna derecha. (Nota la similitud con el bombeo de pantorrilla). Cuando inhalas, estira la pierna flexionada y vuelve a la postura erguida. Realiza el movimiento durante tres o más respiraciones completas, y luego repítelo hacia el lado derecho. Como variante, coloca el pie de la pierna flexionada sobre el asiento de una silla mientras haces el movimiento. En todos los casos, debes proteger la rodilla asegurándote de que no se adelante más allá de tu pie.

Para qué sirve

Estira y relaja el grupo de músculos de la cadera (ileopsas), el cual equilibra y estabiliza el cuerpo. Este ejercicio incrementa la comprensión, la memoria de corto plazo, la expresión personal y las habilidades organizacionales.

Acerca de los autores

Gail E. Dennison ha sido una exitosa empresaria desde los años setenta, cuando conducía su propio centro de salud en el sur de California. Tiene 17 años de experiencia como educadora, incluyendo 10 como instructora de Touch for Health, y es una oradora de renombre internacional. Es vicepresidenta de Edu-Kinesthetics Inc., editorial. También es cofundadora e integrante del comité directivo de la organización sin fines de lucro Fundación de Kinesiología Educativa, y es la fundadora y directora editorial del Brain Gym Journal. Gail es coautora e ilustradora de los libros de Gimnasia para el cerebro. También creó el curso de Círculos de la visión, y los movimientos de Vision Gym para una natural mejoría de la visión.

El doctor Paul E. Dennison es educador y también ha sido un exitoso empresario. Durante casi dos décadas fue dueño y director de Valley Remedial Group Learning Centers en el Valle de San Fernando en California. Tras 19 años en este proyecto, ayudó a crear ocho centros. Desde 1981, el doctor Dennison ha sido dueño de su propia compañía editorial, Edu-Kinesthetics Inc., que se distribuye en todo el mundo. Es autor o coautor de siete libros y numerosos manuales que muestran la relación del movimiento con el buen desempeño, y que incluyen *Switching on: The Whole Brain Answer to Dislexia*. Es Decano de la Facultad de la Fundación de Kinesiología Educativa, creador del programa de reeducación del movimiento llamado Brain Gym® (gimnasia para el cerebro), pionero en la investigación aplicada del cerebro, y conferencista internacional.

El doctor Jerry V. Teplitz, es graduado de la Northwestern University School of Law, y fue practicante como fiscal en la Illinois Environmental Protection Agency. Obtuvo títulos de Master y Doctor en Ciencias Holísticas de la Salud en la Columbia Pacific University. Presidente de su propia compañía consultora durante los últimos 26 años, el doctor Teplitz conduce seminarios en las áreas de manejo del estrés, productividad de los empleados, y desarrollo de ventas. Es instructor certificado de Gimnasia para el Cerebro y *Switched-On Golf*, creador de los seminarios *Switched-On Selling, Switched-On Management,* y *Switched-On Network Marketing* y formó parte del comité directivo de la Fundación de Kinesiología Educativa. Es autor de *Managing Your Stress: How to*

Relax and Enjoy, y coautor de *Build a Better You: Starting Now* y *Switched-On Living*. Figura en varias ediciones de *Who's who in America*.

CIKA, SC
Guerrero 94
Col. Del Carmen, Coyoacán
México D.F., 04100
Tel y fax: (52) 55 • 5659 7493 y 5554 9572.
www.cika.com.mx
info@cika.com.mx

Esta obra se terminó de imprimir
en julio de 2015, en los Talleres de

IREMA, S.A. de C.V.
Oculistas No. 43, Col. Sifón
09400, Iztapalapa, D.F.